Dr. Tsuchi-chan's 土ちゃん博士の まぎらわしい English 英単語
Wordbook of Similar Spelling

土成昭弘
Akihiro Tsuchinari

はじめに

　漢字にしろ英単語にしろまぎらわしいものはなかなか覚えられないものである。

　ほかの人はいとも簡単に書けるものが、自分にはなかなか書けないものもある。一種の苦手意識のようなものである。私は長いあいだ、準備の備のなかの用という字を縦棒二本、横棒一本と覚えていて、恥ずかしい思いをしたことがある。博士の博の字の右上には点があるのか、あるいは赤穂の穂の上はどうだったかなと、今でも辞書がないと書けない字である。

　英単語でも同じことがいえる。diary と dairy，あるいは royalty と loyalty などの意味は正しくいえるだろうか。at a time と at the time の違いはどうだろうか。succeed の c は一つだったか、二つだったかと考え込む場合もある。off-season と season-off はどちらが正しい英語なのかとイライラする場合もある。あるいはやさしすぎて戸惑う場合もある。ninth と nineth はどうだろうか。

　間違いやすい、まぎらわしい英語といえば、アメリカ英語とイギリス英語の違いもある。電話はアメリカ英語では call だが、イギリス英語では ring となる。また、ゴミ箱はアメリカ英語では garbage can というが、イギリス英語では dustbin となるからややこしい。

　綴りの違いもある。アメリカ英語では color だが、イギ

リス英語では colour と綴るし、center と centre もその例である。
　アメリカに行ったときはアメリカ英語を、イギリスではイギリス英語を使うなどの気配りは必要だろう。
　英語を話す国民は、アメリカやイギリス人だけではない。世界で英語を話す国民は、なんといってもインド人が一番多い。インドの英語も理解しないといけない。

　本書はまぎらわしい英単語を整理したもので、約700語を収録した。
　まぎらわしい英単語の覚え方は最初が肝腎で、初めから正しく覚える以外に王道はないように思う。
　本書が少しでも役に立てば幸いである。

土ちゃん博士の
まぎらわしい英単語

──目 次──

はじめに 3

まぎらわしい英単語 6

アメリカ英語とイギリス英語の違い 95

1）綴り 95

2）単語・イディオム 97

3）その他 98

まぎらわしい英単語

1) lesson： 学課、課業、…課、授業、けいこ
   lessen： 小さくする(なる)、減らす、減る

2) lumber： 材木、材木を切り出す、ドシドシと歩く
   ember ： (pl.)燃えさし、燃え残り

3) grammar ： 文法(書、学)、原理、語法
   glamo(u)r： 魅惑、(性的)魅力

4) reckon ： 数える、思う、推定する
   reckless： 向こう見ずな、気にかけない

5) proscribe： 追放する、排斥する
   describe ： 描写する、記述する、(図形を)描く
   prescribe： 規定する、命ずる、処方する

6) contribute： 寄付する、貢献する、寄稿する
   attribute ： …に帰する、…のせいにする
   distribute： 分配する、供給する

(休憩)

ホテルなどの予約は米語では reservation だが、英語では booking となる。

7) coffee： コーヒー、茶話会
　　 coffin： 棺、ひつぎに入れる
　　 coffer： 貴重品箱 (pl.)金庫

8) adverse： 反対の、不利な、有害な
　　 inverse： 正反対の、逆の
　　 reverse： 逆にする、交換する、逆転、反対

9) latter： 後方の、終わりの、近頃の
　　 later： もっと遅い、後で、後に
　　 ＊両方とも late の比較級である。
　　 latter は the を付けて"後者"の意味 (the former は前者の意味)。

10) industrial ： 工業の、産業の
　　 industrious： 勤勉な

11) college ： (単科)大学
　　 courage： 勇気、度胸

12) morning ： 朝、午前、初期
　　 mourning： 嘆き、哀悼、喪、忌中、喪服

―(休憩)―
往復切符は米語では round-trip ticket であるが、英語では return ticket となる。

13) batter： 打者、練り粉、乱打する
    butter： バターを塗る、おべっかを使う
    barter： 物々交換(品、する)、交易
    bitter： 苦い、苦み

14) diary： 日誌、日記(帳)
    dairy： 酪農場、乳製品販売店

15) incentive： 刺激的な、奨励する、奨励
    motive ： 動機、動機となる　（motivate は動詞）
    innovate： 革新する、刷新する

16) confirm： 確認する、承認する、(決意を)固める
    conform： 順応する、従う、適合する

17) configuration： 地形、形態、輪郭
    conflagration： 大火災、大災害

18) vogue： 流行、人気　be in vogue：流行している
    vague： あいまいな、ぼんやりした

19) nutritious： 栄養になる
    nourish ： 栄養を与える、養う、肥やす
    notorious： 悪名高い

―(休憩)――――――――――――――――――
小学校は米語では elementary school または grade-school,
英語では primary school である。

20) play ： 遊ぶ、戯れる、…ごっこをする
　　 pray ： 祈る、懇願する
　　 pry ： 覗く、詮索する、てこ(で動かす)
　　 prey ： 餌食、犠牲　〜 upon：…を略奪する

21) descent ： 降下、下り坂、家系、血統
　　 descend ： 下る、降りる、(子孫に)伝わる

22) contraction ： 収縮、短縮、借財
　　 distraction ： 気を紛らわすこと、娯楽、乱心
　　 infraction ： 違反

23) confident ： 確信して、自信のある
　　 confidential ： 内密の、打ち解けて
　　 confidant ： 親友　（〜 e は女性形）

24) counsel ： 相談、協議、助言、…に助言する
　　 council ： 会議、評議会、審議会

25) carrier ： 運ぶ人、配達人、運送業者
　　 career ： 経歴、職業、出世、成功

26) demonstrate ： 証明する、実演する、示威運動する
　　 remonstrate ： 忠告する、抗議する

（休憩）
小遣いは米語では allowance であるが、英語では pocket money を使う。

27) collusion ： 共謀、なれあい
    corrosion ： 浸食、腐食(作用)
    illusion ： 幻影、迷妄、錯覚、誤解

28) royalty ： 王位、王族、特許権、著作権
    loyalty ： 忠義、忠誠、誠実

29) erect ： 直立した、直立させる、勃起させる
    elect ： 選挙する、選ぶ

30) breast ： 胸、胸部、…に向かって進む
    beast ： 獣、動物、家畜

31) slop ： 汚水、こぼす
    slope ： 斜面、坂、傾斜

32) drag ： 引く、引きずる、引くこと(物)
    drug ： 薬、薬剤、麻薬

33) beside ： …のそばに、…のほかには
    besides ： その上に、さらに、…のほかに

34) involve ： 巻き込む、…に関係する、含む
    evolve ： 展開する、(光、熱を)放出する

―(休憩)―
ゴミは米語では trash または garbage であるが、英語では rubbish である。

35) wordy ： ことばの、ことば数の多い
    worthy： ふさわしい、価値のある、名士

36) experiment： 実験、実験する
    experience ： 経験、経験する

37) inspiration ： インスピレーション、霊感、教示
    aspiration ： 熱望、抱負、大志
    perspiration： 発汗(作用)、汗
    expiration ： 呼気、満期

38) affection ： 愛情、好意、影響、病気
    confection： (キャンデーなどの)糖菓

39) pocket： ポケット、懐中(物)、小型の
    packet： 一束、小包、小包にする

40) suit ： 服の一揃い、訴訟、告訴
    suite： (ホテルの)続き部屋　(sweetと同じ発音)

41) sweet： 甘い、旨い、優しい、かわいい
    sweat： 汗、発汗、水滴、湿気

42) perception ： 知覚(作用、力)
    conception ： 概念、着想、受胎、妊娠

─(休憩)────────────────────────
刑務所、拘置所は米語では jail，英語は prison である。

43) porch：　ベランダ、玄関口
　　perch：　（鳥の）止まり木、（鳥が）止まる

44) tragic　　：　悲劇の、悲惨な
　　strategic：　戦略（上）の、重要な

45) task：　任務、仕事、骨折り仕事
　　tusk：　（象などの）牙、牙で突く

46) elaboration　：　綿密な仕上げ、精巧さ、推敲
　　collaboration：　協力、合作、共同研究

47) preclude：　除外する、妨害する、不可能にする
　　include　：　含む、含める、勘定に入れる
　　exclude　：　締め出す、排斥する、追い出す

48) implement　：　道具、器具、手段、実施する、満たす
　　compliment：　称賛、お世辞、ほめる、贈呈する
　　complement：　補充（物）、全数、余角、補語
　　complaint　：　不平、苦情、告訴

49) acquisition：　習得、取得　〜s：企業の買収
　　requisition：　要求、挑発、要求する、挑発する

（休憩）

1階は米語では first floor，英語は ground floor である。

まぎらわしい英単語

50) adopt： 採用する、借用する、養子にする
    adept： 達人、名人、熟達(精通)して

51) reliable： 確かな、頼りになる
    liable ： 責任(義務)を負うべき、…しがちの

52) effect： 結果、影響、効果、果たす
    affect： …に影響する、…のふりをする
    infect： …に感染させる、…に影響を及ぼす

53) lark： 雲雀(ひばり)
    lurk： 潜む、潜在する、こそこそする

54) defuse： (爆弾から)信管をはずす、緊張をほぐす
    diffuse： 拡散する、(光、熱を)放散する

55) stroll： ぶらつく、さまよう、散歩、ぶらつき
    scroll： 巻物、巻物にする

56) impose： (任務、新税を)…に負わす、課す
    expose： さらす、暴露する、露光する

57) instill： 少しずつ教え込む、(一滴ずつ)たらす
    install： 備えつける、就任させる、席につかせる

―(休憩)―――――――――――――――――――
フライドポテトは米語では French fries で、英語では chips となる。

58) improvise： 即興でやる、間に合わせにつくる
    improve ： 改良(改善)する、好転する

59) treat： 扱う、待遇する、奢る、もてなし、奢り
    tread： 歩く、(強く)踏む、歩きぶり、足音

60) wriggle： もがき、のたうち、のたくる、もがく
    wrinkle： 皺、皺がよる
    wrangle： 口論(する)、喧嘩(する)

61) great： 偉大な、大きな、高貴な、重大な
    grate： すりつぶす、(おろし器で)おろす
    (暖炉の)火ごうし、暖炉

62) martial： 戦争の、軍事の
    marital： 婚姻の、夫婦間の

63) knock： 打つ、たたく、(野球の)ノック
    knack： 技巧、こつ
    nook ： 隅、奥まった所、遠く離れたところ
    nock ： 矢筈、弓筈、矢をつがえる

64) hustle： 押し込む、押し合い、一騒ぎ、ハッスル
    bustle： 大騒ぎする、せきたてる、大騒ぎ、雑踏

―(休憩)――――――――――――――――
ショッピングセンターは米語では shopping mall, 英語では shopping center (or precinct.)

65) size ： 大きさ、寸法、(服、靴などの)サイズ
    seize ： 急につかむ、強奪する、押収する

66) peek ： 覗き見、覗き見する
    peak ： 先端、山頂、峰、ピークに達する

67) contend ： 争う、競う、論争する、主張する
    content ： 満足する、満足して、満足、内容、容量

68) moral ： 道徳上の、倫理的な ～s：倫理、教訓
    mortal ： 致命的な、死ぬべき運命の、人間
    morale ： 士気、意欲、勤労
    mortar ： 漆喰、モルタル

69) peel ： (果物の)皮、皮をむく、脱皮する
    peal ： (鐘の)響き、(砲声の)轟き、轟かす

70) legislator ： 国会議員、立法者
        legislate：法律を制定する
    registrar ： 記録係、登記(戸籍)係
        register：記録、記録する

― (休憩) ―
長距離バスは米語では long-distance bus、英語では coach である。

71) cure ： 治療(法、薬)、治療する、なおす
    curse ： 呪う、…の悪口を言う、呪い、たたり
    cause ： 原因、理由、主義、大義

72) Anglomation ： 英国かぶれ
    conglomeration ： 集塊

73) fig ： イチジク、ささいなもの、身なり、状態
    fog ： 霧、混迷、霧で覆われる

74) ethic ： 道徳、倫理
    aesthetic ： 美の、美学の、審美眼のある
    ethnic ： 人種の、民族の、少数民族の一員

75) slap ： ピシャリ(たたくこと)、平手でうつ
    clap ： 拍手する、一撃、拍手

76) slash ： 切り付ける、むち打つ、一撃、深手
    clash ： 衝突、不一致、衝突する

77) concern ： …に関係する、心配させる、影響する
    discern ： 見分ける、識別する

―(休憩)―――――――――――――――――――
地下鉄は米語では subway，英語では tube または underground という。

まぎらわしい英単語

78) lip： 唇、ふち、へり、（食器などの）注ぎ口
    rip： 破れる、引き裂く、ほころび、裂け目

79) denounce： 非難する、告発する、通告する
    announce： 知らせる、告知する、発表する

80) resent： …に怒る、うらむ、不快に思う
    recent： 近頃の、最近の、新しい

81) litter： がらくた、屑、散らかす
    liter ： リットル

82) delegate ： 代表者、使節、派遣委員
    relegate ： ～ to：…に追いやる、格下げする
    allegation： 申し立て、主張

83) limb： 肢、腕、脚、翼、大枝、突出部
    limp： 片足を引きずること、くにゃくにゃした

84) study ： 勉強、学習、勉強する、調べる
    sturdy： 頑丈な、たくましい、不屈な、健全な

85) smooth： 滑らかな、滑らかにする、滑らかなこと
    soothe ： 慰める、静める、（苦痛を）和らげる

―（休憩）―
駐車場は米語では parking lot，英語では car park という。

86) juggle： （ナイフなどを）手に取って曲芸する
    jangle： 騒がしさ、ジャンジャン（鳴らす）
    jungle： ジャングル、密林

87) run ： 走る、駆ける、走ること、走らせる
    rung： （はしごの）段、ring の過去分詞

88) sun ： 太陽、日光、日光に当てる
    sung： sing の過去分詞

89) ran ： run の過去形
    rang： ring の過去形

90) human ： 人間の、人間的な、人間
    humane： 慈悲深い、親切な、教養的な

91) toe： 足指、つま先、つま先で触れる
    foe： 敵

92) federal： 連合の、連邦（制）の
    feudal ： 封建（制）の

93) sloppy： 水っぽい、ぬるぬるの、ずさんな
    floppy： ばたばたする、だらしのない、不安定な

― （休憩） ―
飲食類の持ち帰りは米語では takeout，英語では take-away という。

94) absurd：　不合理な、馬鹿げた、不条理な
　　 absorb：　吸収する、緩和する、併合する

95) niche：　適所、壁がん(花瓶などを置くくぼみ)
　　 itch ：　かゆいこと、かゆい

96) extinct：　消えた、絶えた、廃止された
　　 distinct：　別個の、異なって、明瞭な

97) swear：　誓う、宣誓する、断言する、請け合う
　　 sear ：　…に焼き印を入れる、焦がす、枯らす

98) disgust ：　胸くそを悪くさせる、嫌悪
　　 disguise：　変装、見せかけ、変装させる

99) banker ：　銀行家(業者)、(賭博の)親元
　　 bunker ：　(船の)燃料庫、バンカー(に打ち込む)
　　 bonkers：　頭の変な(俗語)

100) stable：　安定した、永続的な、着実な、馬小屋
　　　staple：　主要産物、主要成分、原料、主要な
　　　　　　　　ホッチキスの針、ホッチキスでとじる

（休憩）

ワゴンは米語では station wagon，英語では estate car という。

101) respectable： 尊敬すべき(人)、りっぱな
    respective： それぞれの、各自の

102) contrast： 対照、対比、対照する
    contract： 契約、婚約、契約する、請け負う

103) ambiguous： あいまいな
    ambitious ： 野心(大望)ある、野心的な

104) deplore： 嘆き悲しむ、悔いる
    explore： 探検する、探究する

105) disco ： ディスコ、ディスコで踊る
    discuss： 討論する

106) perish ： 死ぬ、滅びる、枯れる、苦しめる
    vanish ： 無くなる、消える、姿を消す
    varnish ： ワニス、ニス、光沢面、ニスを塗る

107) grim ： 厳しい、冷酷な、気味の悪い、頑強な
    trim ： 手入れする、飾る、手入れ、整頓、飾り

108) luster ： 光沢、つや、上ぐすり、栄光、誉れ
    rustler ： 活動家、活躍家

―(休憩)――――――――――――――――――
ナンバープレートは米語では license plate, 英語では
number plate という。

まぎらわしい英単語

109) lust： 欲望、肉欲、切望する
　　　rust： さび、さびる、さびさせる

110) radiance： 光、輝き
　　　radiation： 放射、発散、輻射、放射線

111) intrude： 押し込む、押しつける、しいる
　　　extrude： 押し出す、突き出す、追い出す

112) foul ： 汚い、臭い、詰まった、不正に、汚す
　　　howl： (犬が)遠吠えする、泣きわめく

113) pun ： 駄洒落、語呂合わせ、洒落を言う
　　　pan ： 平鍋、(天秤の)皿、鍋を洗う

114) mount： 登る、上がる、台紙、台、山
　　　mound： 土塁、土手、塚、小丘

115) cooperation： 協力、協同組合
　　　corporation： 法人、自治体、株式会社

116) needle： 針、(編み、注射の)針、磁針、針葉
　　　noodle： ヌードル(麺)、ばか

---(休憩)---
片道切符は米語では one-way ticket，英語では single ticket という。

117) wrack： 難破船、漂着物、破壊
　　 rack ： 置き棚、網棚、棚にのせる

118) mediation　　： 仲介、とりなし、調停
　　 meditation　 ： 瞑想
　　 Mediterranean： 地中海の

119) calendar： カレンダー、暦、一覧表、日程表
　　 calender： ローラー式つやだし機、光沢機

120) accommodation： 宿泊、設備、収容力、もてなし
　　 commendation ： 推薦、賞賛

121) Gypsy： ジプシー、流浪の民、流浪癖の人
　　 tipsy： ほろ酔いの、千鳥足の

122) drag： 引く、ひきずる、引くこと
　　 drug： 薬、麻薬、薬物を混ぜる

123) frequently ： たびたび
　　 eloquently ： 雄弁に
　　 fluently　 ： 流暢に、なだらかに

（休憩）

フリーダイヤルは米語では toll-free，英語では free-phone という。

124) lose ： 失う、浪費する、損する、見失う
　　 loose： 自由な、ほどけた、ゆるい、雑な

125) haphazard： 偶然(の、に)、…でたらめの(に)
　　 hazard　 ： 危険、冒険、偶然、…の危険を冒す

126) entourage： 側近、取り巻き(連)
　　 encourage： 勇気づける、励ます、奨励する

127) adore： 崇拝する、賛美する、熱愛する
　　 adorn： 飾る、美しくする

128) noisy： 騒々しい、やかましい
　　 nosy ： おせっかいな、詮索好きな
　　 nose ： 鼻、臭覚、勘、突出部、船首、銃口

129) diagnose： 診断する
　　 dinosaur： 恐竜、時代後れの人

130) temporary　 ： 一時の、臨時の、暫定的な
　　 contemporary： 同時代の、同時代の人、現代人

┌─(休憩)──────────────────
│レンタカーは米語では rent-a-car，英語では car hire と
│いう。
└─────────────────────

131) lie： （自動詞）横たわる、横になる
　　　　　　位置、方向、形勢
　　　　　　活用は lay　lain　lying
　　　lay： （他動詞）横たえる、寝かす、置く
　　　　　　地形、状態、位置、方向
　　　　　　活用は laid　laid　laying

132) blur： よごれ、くもり、かすむ、ぼやける
　　　blue： 青い、青ざめた、青、藍、青色にする

133) lawful： 合法の、法のみとめる
　　　awful： 恐ろしい、すさまじい、凄い、とても

134) icicle： 氷柱(つらら)
　　　cycle： 循環、一巡り、周期、一時代

135) bridle： 手綱、束縛、拘束、拘束する
　　　bridal： 婚礼、結婚式、花嫁の、婚礼の

136) truck： トラック、トラックに積む
　　　track： 足跡、行路、進路、軌道、通った跡

137) begin ： 始まる、始める、着手する
　　　benign： 優しい、親切な、温和な

─（休憩）─
ベビーカーは米語では baby carriage，英語では pram という。

138) colony： 植民地、居留地、群落
　　 felony： 重罪

139) crumble ： 粉々にくだく、崩壊する
　　 scramble： はい上がる、奪い合う、かきあつめる

140) intuition： 直観
　　 tuition　： 授業料
　　 fruition ： 達成、成就、成果

141) focus： 焦点、中心、集中点
　　　　　 …の焦点を合わせる
　　 hocus： だます、麻酔薬をいれる

142) jumbo： 巨漢、巨獣、でっかい、特大の
　　 mumbo： Mumbo Jumbo：西アフリカの守護神

143) see： 見る
　　　　　活用は saw seen（seesaw：シーソー（遊び））
　　 saw： のこぎり、のこぎりで引く、ことわざ

144) grumble： 不平、不平を言う、ぶつぶつ言う
　　 gamble ： 賭博をする、投機する
　　 ramble ： そぞろ歩き（する）、ぶらつく

―（休憩）――――――――――――――――――
アメフトは米語では football，英語では American football という。

145) abroad： 外国へ(に)、四方八方へ(に)
　　 aboard： 船(飛行機、列車)に乗って

146) oracle ： 神託(所)、神の御告げ、神の使い
　　 miracle： 奇跡、不思議な物(人)

147) pizazz： 活気、元気、はでさ
　　 pizza ： ピザ(パイ)

148) rally ： 集結、回復、呼び集める、結集させる
　　 really： 確かに、実際は、真に

149) window ： 窓
　　 widow ： 未亡人、やもめ(にする)
　　 widower： 男のやもめ

150) scene： 背景、場面、光景、現場、状況
　　 scent： におい、香り、香水、勘、臭覚

151) candid   ： 率直な、公正な、遠慮のない
　　 candidate： 候補者、志願者
　　 candied ： 砂糖漬けの、結晶した、甘ったるい

(休憩)

介助犬は米語では service dog, 英語では guide dog という。

152) rational ： 理性のある、合理的な
　　 rationale ： 理論的説明、根拠

153) fad ： 気まぐれ、一時的な流行、道楽
　　 fat ： 太った、脂肪の多い、脂肪、肥満

154) halo ： 後光、栄光、(太陽、月の)かさ
　　 halloo ： しっ、おい、えっ、大声で叫ぶ
　　 hallow ： 神聖にする、神にささげる
　　 hello ： もし、おーい、もしもし

155) relapse ： 再び陥る、再び悪化する、逆戻り
　　 collapse ： 崩れる、崩壊(する)、しぼむ

156) proposal ： 提案、申し込む、結婚の申し込み
　　 disposal ： 処分、処理、譲渡、売却

157) foremost ： 真先の、首位の、主要な、真先に
　　 foresee ： 予見する、見越す

158) observation ： 観察(力)、観測、監視
　　 observance ： 遵守、習慣、儀式
　　 observatory ： 天文台、観測所、気象台、展望台

(休憩)

ガソリンは米語では gas または gasoline，英語では petrol という。

159) precedent ： 先例、先行する
　　 decedent ： 故人
　　 descendant： 子孫　descend：降りる、伝わる
　　 decent ： 見苦しくない、きちんとした

160) haunt： しばしば訪れる、(幽霊などが)出没する
　　　　　　 たびたび行く場所
　　 hunt ： 狩る、追跡する、狩猟、探索、探究

161) rain： 雨、雨天、雨がふる
　　 rein： 手綱、拘束、手綱であやつる

162) evil ： 悪い、邪悪な、不吉な
　　 devil： 悪魔、極悪人、向こう見ずな人

163) venue ： 犯行地、裁判地
　　 avenue ： 並木道、大通り

164) lag： 遅れる、のろのろ歩く、遅延、遅れ
　　 log： 丸太、丸太に切る

165) infusion ： 注入(物)、点滴
　　 confusion ： 混同、混乱、当惑、狼狽

（休憩）

エレベーターは米語では elevator，英語では lift という。

166) fiddle： バイオリン、バイオリンをひく
    riddle： なぞなぞ、難問、不可解な人(物)
    　　　　目の粗いふるい、ふるい分ける

167) sow： 種子をまく、(噂を)広める、雌豚
    sew： 縫う

168) country： 国、国家、国土、国民、田舎、故郷
    county ： 郡、郡民

169) chronic： 慢性の、常習的な
    clinic ： 診療所、個人病院、相談所

170) eccentric ： 風変わりな、偏心的な、変人
    concentric： 同心の、中心の

171) pock： 痘瘡、あばた
    pack： 包み、荷、梱(こり)、束、一団、一組

172) lush： 青々と繁った、みずみずしい、豊富な
    rush： 突進する、せき立てる、突進、猛攻

173) last： late の最上級、最後の、最後、臨終
    lust： 欲望、肉欲、切望する

―(休憩)―
地下道は米語では underpass，英語では subway という。

174) mutter： つぶやき、つぶやく
　　 matter： 物質、題材、問題　（動詞では重要である）

175) dying ： 死にかけている、瀕死の、臨終の
　　 dyeing： 染色(業)

176) belly： 腹、腹部、胃、ふくらみ
　　 bully： 弱いものいじめ、がき大将

177) sway： 揺れる、揺り動かす、動揺する、支配する
　　 away： 離れて、あちらへ、不在で、消えて

178) zap ： すばやく動かす、殺す、活気、元気
　　 zip ： 元気(よく進む)、ピュッ(と音をたてる)

179) favor： 好意、親切、賛成、…に好意を示す
　　 fever： 熱、発熱、熱病(にかからせる)
　　 fiber： 繊維、ひげ根、気質

180) coup ： 不意の一撃、大成功
　　 coupe： クーペ(スポーツカー)
　　 coop ： 鶏小屋

――(休憩)――
高速道路は米語では freeway，英語では motorway という。

181) rebel： 反逆者、反逆の、反抗する
　　 label： ラベル、レッテル、…にラベルを張る
　　 repel： 追い払う、拒絶する、…に不快感を与える

182) heckle： やりこめる
　　 hackle： 寸断する、鶏の首の部分の房
　　 tackle： (球技の)タックル、タックルする
　　 tickle： くすぐる、ムズムズさせる、笑わせる

183) debate ： 討論する、討論、論争
　　 diabetes： 糖尿病

184) obscure： 暗い、不明瞭な、あいまいな
　　 obstruct： (通路を)ふさぐ、妨害する

185) depreciate： …の価値を下げる、軽視する
　　 appreciate： …の真価を認める、有り難く思う

186) prostitution ： 売春、堕落
　　 institution ： 施設、機関、制度、慣習
　　 substitution： 代替、代用、代理

187) flipper： (アザラシ等の)水掻き、潜水用足びれ
　　 slipper： 室内上履き

―（休憩）――――――――――――――――――
クッキーは米語では cookie，英語では biscuit という。

188) stuff： 原料、材料、素質、詰め込む、ふさぐ
    stiff： 硬直した、堅い、ぴんと張った
    staff： 棒、つえ、さお、ささえ

189) wage： 賃金、給料、報い、報酬
    wager： 賭(事)、賭ける

190) boast： 自慢する、誇る
    boost： 押し上げる、増加する、押し上げ

191) dose： (薬の)一服、投薬する
    doze： まどろむ、居眠り(する)

192) liver： 肝臓、食用肝臓、レバー
    lever： てこ、てこで動かす

193) fake： 偽造する、ふりをする、偽物
    fate： 運命、宿命、運、結末、破滅、最後

194) convulsion： 激動、動乱　(pl.)けいれん
    compulsion： 強制、衝動

― (休憩) ―
アパートは米語では apartment，英語では flat という。

195) pedal ： ペダル、踏み板、ペダルを踏む
    paddle ： 水掻き、櫂、櫂でこぐ
    petal ： 花びら、花弁
    peddle ： 行商する、(噂を)まきちらす

196) vice ： 悪、悪徳、不品行、悪習、欠陥、不備
    vise ： 万力、万力でしめる

197) burrow ： 隠れ場、(ウサギなどの)穴、掘る
    borrow ： 借りる、盗用する

198) conscientious ： 良心的な、入念な
    conscious ： 意識して、自覚して、気づいて

199) disrupt ： 引き裂く、崩壊させる、混乱させる
    corrupt ： 不正な、堕落した、買収する
    　　　　　堕落させる(する)

200) blurt ： うっかり口走る
    blunt ： 鈍い、ぶっきらぼうの、鈍くなる

201) scour ： ゴシゴシ磨く、汚れをおとす
    sour ： 酸っぱい、不機嫌な、酸っぱいもの
    　　　　酸っぱくする、気難しくする(なる)

―(休憩)――――――――――――――――――――
サッカーは米語では soccer，英語では football という。

202) abandon ： 捨てる、置きさる、自由奔放
    abundance： 豊富、多数、富裕

203) kit ： 道具箱(袋)、道具一式
    kid ： 子ヤギ、子供、年下の、だます

204) broom ： ほうき、ほうきで掃く
    groom ： 花婿、手入れをする、仕込む

205) aggravate ： 悪化させる、怒らす
    aggregate ： 集める、骨材、総計…となる
    agriculture ： 農業、農学

206) takeover： 引き受ける、受け継ぐ、交代する
    overtake： 追いつく、追い越す、取り戻す

207) woe ： 悲哀、悲痛、苦悩
    vow ： 誓い、誓約、誓願、誓う、約束する
    foe ： 敵

208) drop ： しずく、落下、したたる (pl.)点滴薬
    drip ： したたる、しずく、点滴剤

209) heal ： 治す、治る、いやす、和解させる
    heel ： かかと、末端、かかとを付ける

―(休憩)―
荷物は米語では baggage，英語では luggage という。

210) perplex ： 当惑させる、まごつかせる
complex ： 複雑な、複合の

211) navel ： へそ、中心(点)
novel ： 新奇な、奇抜な、小説

212) pothole ： (路上や河床の岩石に生じた)穴
portfolio ： 紙挟み、折りかばん、有価証券
loophole ： 銃眼、(法律の)抜け道

213) fir ： モミ(の木、材)
fur ： 毛、毛皮 (pl.)毛皮製品

214) garment ： 衣服の一品 (pl.)衣服
gourmet ： 食通、美食家

215) ward ： 区(行政区画)、病棟、監房
word ： 語、単語、ことば

216) distinct ： 別個の、異なって、はっきりした
extinct ： 消えた、絶えた、絶滅した

217) bag ： かばん、バッグ、ズボン、塁
bug ： 昆虫、虫、欠陥、隠しマイク、盗聴する

―(休憩)―
出口は米語では exit，英語では way out という。

218) collar :　襟、首輪、継ぎ輪、…に襟をつける
　　 color　:　色、色彩、色調、…に染める
　　 　　　　　…に着色する

219) ardent :　熱烈な、熱心な、燃えるような
　　 urgent :　緊急の、切迫した、しつこく迫る

220) undue :　不当な、過度の、はなはだしい
　　 due　 :　支払い期限の来た、満期の、当然の権利

221) flea :　ノミ
　　 flee :　逃げる
　　 glee :　喜び、歓喜

222) envelope :　封筒、包み
　　 envelop　:　包む、くるむ、覆い隠す

223) bunk :　(汽車)寝棚(に寝る)、たわごと
　　 bank :　土手、堤防を築く、銀行、取引する

224) babble :　片言、おしゃべり、せせらぎ
　　 　　　　　かたことを言う、ぺちゃくちゃしゃべる
　　 bubble :　泡、気泡、泡立つ、沸騰する

(休憩)

順番待ちの列は米語では line，英語では queue という。

225) parish： 教区、教区民
　　 perish： 死ぬ、滅びる、消滅する、苦しめる

226) subside ： 沈下する、陥没する
　　 subsidy ： 補助金、助成金
　　 subsidize： …を与える、助成する

227) lamp： 明かり、ランプ
　　 lump： 固まり、角砂糖一個、突起

228) bleak： 吹きさらしの、肌寒い、寂しい
　　 break： こわす、破る、こわれる、割れる

229) attitude ： 態度、心構え、姿勢
　　 aptitude： 適正、素質、才能

230) miss ： 失敗する、…しそこなう、のがす
　　 amiss： 間違って、まずく、不都合で

231) incur： （損失などを）被る、まねく
　　 occur： 起こる、生じる、存在する

232) deal ： 分配する、取引する、取引、量
　　 dealt： deal の過去、過去分詞

―（休憩）――――――――――――――――――
2階は米語では second floor，英語では first floor という。

233) tattle ： 無駄話、おしゃべり、雑談(する)
 turtle ： カメ、ウミガメ
 tittle ： 微量、(字の上の)小点
 title ： 表題、題名、書名

234) wield ： (剣を)振り回す、(権力を)行使する
 wild ： 野性の、未開の、野蛮な、乱暴に

235) hostess ： 女主人、(旅館の)おかみ
 hostel ： (ユース)ホステル、宿舎
 hostile ： 敵(国)の、敵意ある

236) ensure ： 確保する、保証する、守る
 insure ： …に保険をつける、保証する
 assure ： 請け合う、安心させる、確実にする

237) peep ： のぞく、のぞき見
 peek ： のぞき見(する)
 peer ： 同輩、同等の人、貴族、じっと見る
 peel ： (果物の)皮、…の皮をむく
 peeve ： じらす(物)、じれる

238) doom ： 運命、破滅、運命づける
 deem ： …と思う

― (休憩) ―
小切手は米語では check, 英語では cheque という。

まぎらわしい英単語

239) bleed： 出血する、血をとる
　　　bleep： ピーピー（鳴る）、ポケットベル

240) salve： 軟膏、軟膏をぬる、慰める
　　　slave： 奴隷、とりこ、ふける人

241) starve： 飢え（させ）る、餓死する、切望する
　　　stave ： 桶板、（はしごの）段、楽譜表

242) aisle： （座席間の）通路、（教会堂の）側廊
　　　isle ： 島、小島　islet：小島

243) budget： 予算（案）、経費、家計　〜 plan：月賦払い
　　　gadget： 小道具、付属品　gadgetry：小道具類
　　　fidget ： そわそわする、せかせかすること

244) stimulate： 刺激する、激励する、元気づける
　　　simulate ： まねる、…の模擬試験をする

245) below ： …の下に（へ）、…以下
　　　bellow ： （牛が）ほえる、どなる
　　　bellows： ふいご、蛇腹

246) noxious： 有害な、有毒な
　　　anxious： 心配な、不安な、切望して

― (休憩) ―
カタログは米語では catalog，英語では catalogue である。

247) fad : 気まぐれ、一時的な流行、道楽
     fade : 薄れる、(色が)あせる、しおれる

248) hoarse : (声が)かすれた、しわがれ声の
     horse : 馬、馬に乗せる
     hose : ホース、…にホースで水をかける

249) clam : ハマグリ、ハマグリを採る
     cram : 詰め込む、詰め込み勉強する、がり勉

250) dispensation : 分配、施し、摂理、秩序、制度
     compensation : 償い、補償(金)、報酬、手当て

251) hey : おい、やあ、へえ(呼びかけ)
     hay : 干し草、まぐさ

252) spotlight : (舞台の)スポットライト、注目
     highlight : 最も明るい部分、呼び物

253) magnet : 磁石、人を引きつける者(物)
     magnate : 有力者、…王

254) clutter : 混乱、ごった返し、散らかす
     flutter : 羽ばたきする、翻す、羽ばたき
     flatter : お世辞を言う、へつらう

─ (休憩) ─
電話をするは米語では call, 英語では ring という。

255) economic ： 経済の、経済学の、実利的な
　　 economical： 経済的な、徳用の、節約して

256) pare ： (果物の)皮をむく、切り取る
　　 pair ： 一対、一組、対になる

257) swell ： 膨れる、はれあがる、隆起する、膨張
　　 dwell ： 住む　〜er：居住者　〜ing：住居

258) illiterate ： 文盲の、無教育の(人)
　　 alliterate ： 文字を読めるのに読まない人
　　　　　　　　　頭韻を踏む(踏ませる)

259) hook ： かぎ、ホック、かぎでかける
　　 hood ： 頭巾、フード、…でおおう

260) welfare ： 福祉、厚生、幸福、福祉(社会)事業
　　 warfare ： 戦争(行為)、交戦(状態)

261) order ： 注文、命令、命令する、注文する
　　 ardor ： 熱情、熱意

262) favorable ： 賛成の、都合の良い、有利な
　　 favorite ： 気に入りの(人)、人気者

―(休憩)――――――――――――――――――
賭は米語では wager，英語では bet という。

263) avocation： 副業、内職
　　　advocate： 援護者、支持者、弁護する

264) sneak： コソコソ入る(出る)、コソコソやること
　　　snake： 蛇、冷酷な人、くねくね曲がる

265) rebate： 割引、払い戻し、リベート
　　　debate： 討論する、討論、論争

266) sole： たった一つ(一人)、足の裏、ヒラメ
　　　soul： 魂、精神、亡霊、気迫、権化

267) insect： 昆虫、虫
　　　incest： 近親相姦

268) arrange： 配列する、整理する、準備する
　　　derange： 混乱させる、発狂させる

269) flamenco： フラメンコ(スペインのジプシーの踊り)
　　　flamingo： フラミンゴ、ベニヅル

270) ranch： 牧場、農園、牧場を経営する
　　　lunch： 昼食、弁当、昼食を食べる
　　　launch： 進水させる、始める、進水、発射

―(休憩)――――――――――――――――――
値切るは米語では dicker，英語では haggle という。

271) emigrant ： 移住する、移民の
    immigrant ： （入国）移住者、（他国から）移住する

272) preface ： 序文、緒言、はしがき、前置きする
    presage ： 予感する、予知する、予言する

273) aviation ： 飛行、航空（術、学）
    deviation ： 脱線、逸脱、偏差、偏向

274) bowels ： 腸、内臓、内部
    towel ： タオル、手拭い（で拭く）

275) rob ： 盗む、奪い取る
    rub ： こする、摩擦する、すりむく、なでる

276) astonish ： びっくりさせる、ぎょうてんさせる
    astound ： ぎょうてんさせる

277) entertainment ： もてなし、歓待、宴会、娯楽
    attainment ： 達成 （pl.）才芸、学識、才能

278) mockery ： あざけり、冷笑の的、骨折り損
    mackerel ： （魚の）サバ

(休憩)
ボンネットは米語では hood，英語では bonnet という。

279) breach ： （約束、法律などの）違反、侵害
    reach ： 到着する、届く、達する
    leach ： （水を）こす、溶解する、こした液

280) matron ： 既婚婦人、寮母、保母、看護婦長
    patron ： 保護者、後援者、ひいき客

281) heroine ： 女傑、女丈夫、女主人公
    heroin ： ヘロイン（モルヒネ鎮静剤、麻薬）

282) flash ： ぴかっと光る、閃光、閃き、速報
    flush ： （水が）どっと流れる、赤くなる、紅潮、赤面
    興奮、平らに、同じ高さに

283) sensible ： 分別のある、賢明な、悟って
    sensitive ： 敏感な、感じやすい、神経質な

284) grill ： 焼き網、焼き肉、焼き魚、あぶる、焼く
    gruel ： 薄いかゆ

285) zeal ： 熱意、熱心
    zero ： ゼロ、零、零度、データを全て消去する

286) afflict ： 悩ます、苦しめる
    conflict ： 闘争、（意見）衝突、対立、矛盾する

―（休憩）――――――――――――――――――
| セダン型乗用車は米語では sedan，英語で saloon という。
―――――――――――――――――――――――

287) broth： (肉、魚の)薄いスープ
 　　froth： 泡、くだらない話、泡立つ、泡を吹く

288) womb： 子宮、胎内
 　　comb： くし、すき機、とさか、ハチの巣、すく

289) blow： 吹く、風で飛ぶ、一吹、吹奏
 　　brow： 額、顔つき (pl.)眉毛

290) prickle： とげ、針、刺すような痛み、刺す
 　　pickle： 漬物、塩水(酢)に漬ける

291) plight： 苦境、(悪い)状態、誓い、誓う
 　　flight： 飛行、飛行機の便、飛ぶ鳥の群れ

292) constant ： 一定の、変わらぬ、不屈な、定数
 　　constancy： 不変性、貞節

293) bookmaker　　　： 著作者、編集屋
 　　bookmark(〜 er) ： しおり

294) auspicious ： 吉兆の、さい先の良い
 　　conspicuous： 目立つ、特徴的な

(休憩)

電報を打つときに使用する紙、頼信紙は米語では telegram blank，英語では telegram form という。

295) select： 選抜する、えり抜く、えり抜きの
　　 elect ： 選挙する、選ぶ、選ばれた

296) affirmation ： 確信、断言、肯定、確認、証言
　　 confirmation ： 確認、確証

297) massage： マッサージ、…にマッサージする
　　 message： 知らせ、伝言、通信

298) demotion： 降等(階級が下がる)
　　 emotion ： 感動、喜怒哀楽、情緒

299) hapless ： 不運な
　　 helpless： 無力な、助けのない

300) scrabble ： 引っかく、引っかくこと、奪い合い
　　 scramble ： はい上がる、奪い合う、かき集める

301) lick ： なめる、やっつける、なめること、少量
　　 pick ： 摘む、抜く、選択、選ばれた物(人)

302) Sunday： 日曜日、安息日
　　 sundry ： いろいろの、雑多の、雑品、雑件、雑費

(休憩)
マフラーは米語では muffler，英語では silencer という。

303) drag： 引く、引きずる、引くこと、そり、歯止め
　　 drug： 薬、薬剤、麻薬、麻薬を常用する

304) trowel： (左官の)コテ(で塗る)
　　 towel ： タオル(で拭く)

305) ire ： 憤怒
　　 ore ： 鉱石

306) repression ： 制圧、抑えること
　　 depression ： 不景気、不況、意気消沈、沈下

307) chide： しかる、小言を言う
　　 child ： 子供、児童、子、子孫

308) thigh： もも、大腿
　　 thing： 物、物体、物事 (pl.)風物、考え

309) historic ： 歴史的に有名な
　　 historical ： 歴史の、史的な

310) renounce ： 放棄する、諦める、否認する
　　 announce ： 知らせる、発表する、告げる

―(休憩)―――――――――――――――――――
フロントガラスは米語では windshield，英語では windscreen という。

311) bump： 衝突する、ガタンと落とす、こぶ、衝突
    lump： 固まり、突起、こぶ、固まりにする

312) future： 未来(の)、将来(性)、前途
    feature： 特徴、目鼻だち、特色づける

313) abject： 惨めな、卑しむべき、卑劣な
    object： 物体、対象、目標、反対する

314) fuddy： fuddy-duddy で古臭いやつ、時代おくれの
    duddy： fuddy-duddy で古臭いやつ

315) hurl： 投げつける(こと)、(悪口を)浴びせる
    curl： カールする、ねじれる、巻き毛、カール

316) yolk： 卵黄、羊毛脂
    yoke： くびき、束縛、隷属、支配、つなぐ

317) leek： ニラ
    leak： 漏れ(口)、穴、漏洩、漏れる、漏らす
    reek： 悪臭、湯気、悪臭を出す

318) destiny ： 運命、宿命
    destination： 目的地、行く先、届け先

―(休憩)――――――――――――――――――
レインコートは米語では raincoat，英語では mackintosh という。

319) skin： 皮膚、肌、皮
    akin： 血族の、類似して

320) quip： 警句、奇行、言い逃れ、皮肉（を言う）
    quit： やめる、中止する、去る、返済する

321) curb ： 止め綱、とめぐつわ（を付ける）
    curve： カーブ、湾曲、曲線、曲がる、曲げる

322) fad ： 気まぐれ、一時的流行、道楽
    fade： （色）あせる、薄れる、しおれる

323) lapse ： 誤り、堕落、衰退、消滅、堕落する
    collapse： 崩壊（する）、衰弱（する）

324) arrogant： 傲慢な、横柄な
    elegant ： 気品のある、上品な、優雅な

325) disrupt ： 引き裂く、崩壊（混乱）させる
    interrupt： 邪魔する、中断する、不通にする

326) mum： 無言の、黙れ
    mom： かあちゃん、かあさん

―（休憩）――
ズボンは米語では pants，英語では trousers という。

327) proactive： 率先して行動する
　　 reactive ： 反応のある、反作用の

328) apparel： 衣服、衣料
　　 appall ： ぞっとさせる、…の肝をつぶす
　　 appeal ： 訴える、懇請する、訴え

329) queer ： 奇妙な、風変わりな、偽金、ホモ
　　 queen ： 女王、女王にする

330) motion： 運動、活動、運転、身ぶりで合図する
　　 notion ： 観念、概念、考え、意見、意向

331) endemic ： 風土的な、風土病
　　 epidemic ： 流行の、流行病、伝染病

332) elaborate ： 念入りにつくる、練る、念入りな
　　 collaborate ： 協力する、共同研究する、合作する

333) pledge： 誓約、約束、保証、担保、誓約する
　　 plead ： 弁護する、主張する

334) consummate ： 完成する、完全な、途方もない
　　 consumer ： 消費者

── (休憩) ──
仲間は米語では buddy, 英語では mates という。

335) sip ： 少しずつ飲む、(飲み物の)一口
    sap ： 樹液、活力、…から樹液を搾り取る

336) rapid ： 速い、すばやい、急流、早瀬
    sapid ： 風味の良い、(書物など)味わいのある

337) pig ： 豚、薄汚い人、(豚が)子を生む
    peg ： 木くぎ、糸巻、(たるの)栓

338) claw ： (タカの)ツメ、ツメで引っかく
    crow ： カラス、(おんどりが)鳴く

339) refute ： 論駁する、論破する
    refuse ： 拒絶する、断る、くず、かす、廃物

340) piss ： オシッコ、オシッコをする
    kiss ： キス、軽い接触、キスをする

341) stipulate ： 規定する、明記する、契約する
    stimulate ： 刺激する、激励する、元気づける

342) slung ： sling の過去(分詞) 投石器で投げる
    slang ： 専門語、隠語、…をつかう

―(休憩)―
確かには、米語では I sure am …, 英語では I certainly am … という。

343) truce： 休戦、休止
    truth： 真理、真実、事実、真相

344) archives： (pl.)記録(公文書)保管所、公文書
    achieve： なし遂げる、達する、かち得る

345) stoop： かがめる、前かがみ、猫背、玄関口の階段
    stop ： 止める、停止する、取り押さえる

346) fixture： 固定(物)、据え付け
    texture： 織り方、生地、構造、組織、感触

347) smother： 窒息させる、(火を)おおい消す、濃煙
    mother ： 母、根源、母として世話する、生み出す

348) rib： 肋骨、あばら骨、…に肋骨を付ける
    lib ： リブ、解放(運動)

349) little ： 小さい、幼い、かわいい、ささいな
    tittle ： 微量、字の上の小点(iの点など)
    belittle： 小さくする、軽んじる、見くびる

― (休憩) ―
その間は，米語では meantime，英語では meanwhile を使う。

350) contention： 争い、論争、論点、主張
　　　intention ： 意向、意思、目的
　　　intension ： 緊張、強さ

351) cerebrate ： 考える、脳を使う
　　　celebrate ： 祝う、褒めたたえる、(儀式を)行う

352) tumor ： 腫れ物、腫瘍
　　　rumor ： 噂、風聞、噂をする

353) push ： 押す、拡張する、圧迫する、催促する
　　　posh ： 豪華な、スマートな、いきな

354) duly ： 正しく、きちんと、然るべく、時間正しく
　　　duty ： 義務、敬意、関税 (pl.)任務

355) bizarre ： 奇怪な、異様な
　　　buzzer ： ブザー、サイレン、ブンブンという虫
　　　bazaar ： 特売市、慈善市

356) solitary ： 孤独の、寂しい、人里離れた、独居者
　　　solicit ： せがむ、懇請する、求める
　　　solidify ： 凝固させる、結束させる

(休憩)
テレビは米語では tube, 英語では telly ともいう。

357) nerve： 神経、勇気、冷静、精力、勇気づける
naive： 純真な、素朴な、騙されやすい

358) declaration： 申告、発表、宣言
decoration： 装飾(物)、勲章

359) complex： 複雑な、複合の、合成物、複合体
perplex： 当惑させる、複雑化する

360) back： 背中、背景、後部、後ろへ、後退する
aback： 後ろへ

361) tone： 調子、音色、色調、明暗、…に調子を付ける
tune： 曲、節、メロディー、調和させる

362) fender： (車の)泥除け、緩衝装置
bender： 曲げるもの、宴会、(野球の)カーブ

363) bone： 骨、〜s：傘の骨
(pl.)骨格、遺体、骸骨
born： bear の過去分詞、生まれながらの

364) promise： 約束、見込み、約束する
premise： 前提(とする) (pl.)家屋敷、構内

──(休憩)──
腰掛式の小さなベビーカーは米語では pushchair，英語では stroller という。

365) auditor： 会計検査員、監査役、聴講生
    editor ： 編集者、編集長、主幹

366) huddle　　　： ごちゃごちゃに積み重ねる、乱雑
    hubble-bubble： ブクブク(泡だつ音)、水きせる

367) hustle： 押し込む、無理に…させる、押し合い
    bustle： 大騒ぎする、せき立てる、大騒ぎ

368) roost ： (鳥の)止まり木、止まり木に止まる
    roast ： (肉を)焼く、あぶる、焼き肉

369) snuff： 鼻から吸う、ふんふんかぐ(こと)
    sniff： 鼻で吸う、匂いをかぐこと

370) brook： 小川、(否定形で)我慢する
    bloc ： ブロック、連合議員団
    block： 固まり、積み木、ブロック材、封鎖する

371) precedent： 先例、先行する（発音注意)
    president： 大統領、会長、社長、総裁

― (休憩) ―
薬局は米語では pharmacy，英語では chemist's shop という。

372) alumnus : 男子卒業生、校友
　　 alumna　：　女子卒業生
　　 alumina ：　アルミナ、ばん土

373) recrimination　：　反訴、非難し返すこと
　　 discrimination ：　区別、識別、差別待遇

374) chronic：慢性の、長期にわたる、常習的な
　　 ironic ：皮肉な、反語的な

375) deduce：推論する、演繹する、由来をたどる
　　 induce：誘う、帰納する、説いて…させる

376) diverse：多種多様な、異なった
　　 divorce：離婚(する、させる)

377) aversion：嫌悪、反感、嫌いな人(物)
　　 version ：翻訳、訳書、変形、…版

378) tow：綱で引く、(子供、犬)を引っ張っていく
　　 toe：足指、つま先、つま先で触れる
　　 foe：敵

(休憩)

コインランドリーは米語では Laundromat，英語では launderette という。

379) morbid： 病的な、気味の悪い
　　　forbid ： 禁じる、許さない

380) room： 部屋、室、泊まる（pl.）下宿
　　　loom： ぼんやり見える、ぼっと浮き出る
　　　loon： ばか、狂人

381) ripsaw： 縦引きのこぎり
　　　seesaw： シーソー（に乗る）、上下動

382) confinement ： 制限、局限、監禁、禁固
　　　compartment： 仕切り、区画

383) lung ： 肺
　　　lug　： 力を入れて引く、引きずる、突起、取っ手
　　　lunge： 突き、突く、突進、突進する

384) park ： 公園、駐車場、駐車する
　　　perk ： つんとすます、気取る
　　　perks： （perquisite の略）臨時収入、チップ

385) spam ： メールを出しまくる
　　　span ： スパン（親指と小指を張った距離）
　　　　　　　（短い）距離や時間、指ではかる

―（休憩）――――――――――――――――――
ゴミ箱は米語では garbage can，英語では dustbin という。

386) scam： 詐欺、だましとる
　　　scan： 細かく調べる、走査する

387) constrain： 無理に…させる、圧迫する
　　　restrain： 制止する、抑制する、禁じる

388) allegory： 寓話、譬え話
　　　category： 部門、部類

389) we： 私達は(が)
　　　wee： ちっぽけな、(時間が)早い

390) yap： ぺちゃくちゃしゃべる、おしゃべり
　　　　　　 (犬が)騒がしく吠える
　　　yak： おしゃべりする

391) pastor： 牧師
　　　pasta： パスタ(イタリア料理)
　　　paste： のり、練り粉、ペースト

392) flame： 炎、輝き、情熱、燃え上がる、輝く
　　　frame： 骨組み、構造、組み立てる

(休憩)
ゴミの運搬車は、米語では garbage truck，英語では dust cart という。

393) irate ： 怒った
　　 irritate： いらいらする、怒らせる、刺激する

394) incense ： 香、芳香、香をたく、ひどく怒らせる
　　 consensus： 一致、総意、世論

395) grim： きびしい、冷酷な、頑強な
　　 grin： 歯をみせてニヤニヤする

396) sneer ： あざ笑う、冷笑する、冷笑
　　 sneeze： くしゃみ、くしゃみをする

397) bullet： 弾丸　～ train 新幹線
　　 ballet： バレエ(団、曲)

398) insect ： 昆虫、虫
　　 inspect： 検査する、視察する、検閲する

399) principle： 原理、原則、主義、道義
　　 principal： おもな、第一の、長、社長、主役

400) banner： 旗、旗じるし、横断幕
　　 burner： 焼く(人、物)、バーナー、火口

─(休憩)─────────────────
キャンディーは米語では candy，英語では sweets という。日本語のドロップ drop のことである。

401) flak ： 高射砲、対空砲火
　　 flake： 薄片、一片、(食品の)フレーク

402) wheeze： ゼーゼー(息をする)
　　 wheel ： 車輪、(車の)ハンドル (pl.)回転

403) dean ： 学部長、学生部長
　　 lean ： もたれる、寄り掛かる、曲がる、傾斜
　　　　　　 やせた、肉のしまった、貧弱な、不作の

404) drench： びしょ濡れにする、水に浸す
　　 trench： 塹壕、堀、溝、掘る、侵す、塹壕で守る

405) social ： 社会の、社交的な、懇親会
　　 asocial： 非社交的な、利己的な

406) premature： 早まった、尚早の
　　 premarital： 結婚前の

407) strap： 革紐で結ぶ、吊り革
　　 trap ： わな、落とし穴、計略、わなを仕掛ける

408) stake： 杭、棒、利害関係 (pl.)賭(金)
　　 steak： ステーキ

─ (休憩) ─
昇給は米語では pay a raise, 英語では pay a rise という。

409) jerk： 急に引く(押す)、ひねる、急に引くこと
    joke： 冗談、戯れ、冗談をいう、からかう

410) roaster： あぶり器具、ロースター
    toaster： トースター

411) tacky： 粘着性の、ネバネバする、みすぼらしい
    turkey： 七面鳥　Turkey：トルコ共和国

412) pinion： 鳥の翼の先端部、先端部を切る
    opinion： 意見、見解、判決理由 (pl.)評価

413) con： 学ぶ、暗記する、反対して、反対、詐欺の
    だます、囚人、前科者
    cons： pros and cons で賛否両論

414) shilly： shilly-shally でぐずぐずすること、ぐずぐずして
    shally： shilly-shally でぐずぐずすること、ぐずぐずして

415) martinet： やかまし屋、規律の厳しい人
    internet： インターネット

―（休憩）―
簡易宿泊所、木賃宿は米語では flophouse，英語では doss house という。

416) cock： おんどり、風見鶏、コック(栓)、蛇口
     cook： 料理する、煮る、焼く、料理人

417) start ： 出発する、始める、開始、出発点
     startle： びっくりさせる、驚き

418) pretense： 口実、見せ掛け、見栄、虚飾
     pretend ： …のふりをする、よそおう

419) plum ： プラム、西洋スモモ、干しブドウ
     plumb： おもり、垂直、垂直な、…の深さを測る
     plume： 羽毛、羽飾り、羽毛で飾る
     plump： ふっくらとした、まるまる太らせる
            どしんと落ちる(こと)、どしんと

420) soak： 浸す、つける、浸すこと、ずぶ濡れ
     soap： 石鹸、石鹸で洗う

421) acceptable： 受け入れられる、好ましい
     deceptive ： 欺くような、あてにならない

422) brain： 脳 (pl.)頭脳、知力
     drain： 排水する、干拓する、排水(管)、流出、乱費
            (pl.)下水(施設)

―(休憩)―――――――――――――――――――
チェンジレバーは米語では gearshift，英語では gear lever という。

423) urban ： 都市の、都会風の、都市に住む
　　 urbane ： 都会風の、洗練された

424) cute ： かわいらしい、しゃれた
　　 cutie ： かわいこちゃん
　　 cutesy（〜 sie）： かわいく見せた、ぶりっこの
　　 acute ： 鋭い、とがった、敏感な
　　　　　　　抜け目のない

425) enchant ： 魅惑する、うっとりさせる
　　 enhance ： （価格、名声などを）高める、増す

426) clink ： チリン、カチン（と鳴らす）
　　 click ： チリン、カチン（と鳴らす）
　　 clinch ： （くぎなどの）先端を曲げる（つぶす）
　　　　　　　（ボクシングで）クリンチする

427) liaise ： 連絡をつける
　　 raise ： あげる、持ち上げる、高める、起こす

428) forging ： 偽造すること、偽造（品）
　　 forgive ： 許す、免除する

（休憩）

エンストは米語では engine snuff，英語では break down という。

429) stray： 道からそれる、迷う、はぐれた、迷子
　　 tray ： 盆、盛り皿、浅い整理箱

430) jealous： 嫉妬深い、うらやましくて
　　 zealous： 熱心な、熱狂的な

431) clunker： ぽんこつ(車)
　　 clinker： 失策、へま、失敗作

432) fuss ： 空騒ぎ、やきもき、けんか
　　 muss ： くしゃくしゃ、くしゃくしゃにする

433) large ： 大きい、広い、多数の、多量の
　　 largess： 気前のよさ、多額の贈り物

434) candle： ろうそく
　　 cradle： 揺りかご、幼年時代

435) assess： (財産などを)査定する、評価する
　　 asset ： 資産、財産、価値ある物、利点

436) dour ： 陰気な、気むずかしい
　　 pour ： 注ぐ、つぐ、雨が激しく降る、流出

―(休憩)――――――――――――――――――――
トイレは米語では rest room, 英語では loo ともいう。男性用は米語では men's room, 英語では gent's room である。

437) clout : 強打、強打する、政治的影響力
　　 cloud : 雲、煙霧、(虫などの)大群
　　　　　　 曇らせる、あいまいにする

438) socko : すごい、大成功の、傑出した
　　 soccer : サッカー

439) apple : リンゴ
　　 supple : 柔軟な、しなやかな、従順な

440) foot : 足、歩み、すそ、底、歩く、踏む
　　 afoot : 進行中で、計画中で、徒歩で

441) implicit : 暗黙の、言わず語らずの
　　 simplicity : 簡単、単純、質素、純真

442) crucial : 決定的な、極めて重大な、困難な
　　 critical : 批評の、酷評する、危機の、危篤の

443) humility : 謙遜、卑下
　　 humidity : 湿度、湿気

444) leisure : 暇、余暇、レジャー、暇な、普段着の
　　 ledger : 帳簿、元帳

―(休憩)―
レストランは米語では eatery，英語では restaurant ともいう。

445) half： 半分、半分の、半分に、不完全な
    huff： 立腹、怒らせる、おどす

446) satisfy ： 満足させる、(欲望などを)満たす
    suffice ： 十分である、足りる
    satisfice ： (satisfy + suffice から)必要最小限の条件を満たす

447) ladder ： はしご、(出世の)手づる
    bladder ： 膀胱、(魚の)浮袋、水泡

448) inspiration ： インスピレーション、霊感
    perspiration： 汗、発汗、発汗作用

449) sermon： 説教、小言、長談義
    salmon ： (魚の)サケ

450) prognosis： 予測
    diagnosis ： 診断

451) populate ： 入植させる、…に住む
    populace ： 民衆、一般大衆
    popular ： 民衆の、人気のある、流行の

---(休憩)---
警察官は police officer だが、米語では cop，英語では bobby ともいう。

まぎらわしい英単語

452) spunk： 勇気、精液
　　　skunk： スカンク(の毛)、零敗させる

453) frond： 葉状体、(海草の)葉
　　　front： 前部、前方、表面、側面、正面の、表の

454) ghost： 幽霊、痩せこけた人、代作する
　　　coast： 海岸、沿岸、沿岸を航行する、滑降する

455) paragon： 模範、手本、卓越した人、逸物
　　　dragon： 竜、こわいおばさん
　　　dragoon： 竜騎兵(で攻める)

456) literal： 文字の、文字どおりの、厳密な
　　　literary： 文学の、文学的な、文語の

457) blinder： 目をくらます人(物)
　　　blunder： やりそこなう、大失敗をする、大失敗

458) crony： 昔馴染み、親友
　　　colony： 植民地、移民団、…街、群落、群体

459) continual： 繰り返し続く、ひんぱんな
　　　continuous： 連続的な、途切れのない

――(休憩)――
クビにするは米語では fire，英語では sack という。

460) rut ： 車の跡、慣例、（シカなど）発情（する）
    rat ： ネズミ、卑劣漢、ネズミを捕らえる

461) reign ： 治世、統治、支配、君臨する
    resign ： 辞任する、放棄する、断念する

462) shoo ： しーっ、しーっと言って追い払う
    shoot ： 発射する、撃つ、射る、シュートする

463) snail ： カタツムリ、のろま
    nail ： 爪、くぎ、びょう、釘付けにする
    snake ： 蛇、冷酷な人、くねくね曲がる（動く）

464) knight ： 騎士、…にナイト爵の位を授ける
    knit ： 密着させる、接合する、（眉を）ひそめる
    night ： 夜、晩

465) hotel ： ホテル、旅館
    hostel ： ユースホステル

466) hornet ： スズメバチ、うるさい人
    honest ： 正直な、誠実な、本物の

（休憩）

確信しているは米語では I will bet …，英語では I bet …
という。

467) trembling： 身震いする、身震い、戦慄の
　　 tumbling： 転ぶこと、倒れること

468) honorable： 名誉ある、尊敬すべき
　　 honorary： 名誉上の、名誉職の

469) award： 授与する、授賞、賞品、奨学金
　　 reward： ほうび、謝礼、報酬

470) spat： カキの卵、口げんか、spit の過去（分詞）
　　 spot： 斑点、汚点、場所、箇所、即座の
　　　　　　（しみ、汚点など）つく、つける、汚す

471) creep： はう、からみつく、はうこと、徐行
　　 creed： 教義、信条

472) petty： ささいな、とるに足らない、微量な
　　 pretty： かわいい、かれんな、非常に、可愛い子

473) evade： 避ける、免れる、回避する
　　 invade： 侵略する、襲う、侵害する

（休憩）

酔っぱらい運転は、米語では drunk-driving，英語では drink-driving，酔っぱらい運転する人は米語では drunk-driver，英語では drink-driver という。

474) design   ： 設計、デザイン、意匠、設計する
    designate： 明示する、指名する、指名された

475) commander ： 指揮官、司令官
    commandeer： 徴用する、徴発する

476) disparity ： 不均衡、格差
    desperation： 絶望、自暴自得、死にもの狂い

477) grape： ブドウ(の木)
    gripe： 腹痛で苦しむ (pl.)腹痛、不平
    grip ： つかむこと、取っ手、握る、つかむ

478) assimilation： 同化、吸収、消化
    simulation ： 見せかけ、まね、模擬実験

479) eternal ： 永久の、永遠の、不滅の、不朽の
    external： 外部の、外の、外面の、外部 (pl.)外観

480) ace： (トランプの)エース、一流(人)、一流の
    ice： 氷、氷菓子、アイスクリーム、氷で冷やす

481) botch： 遣り損なう、下手に繕う、へたなつぎはぎ
    notch： V字型の刻み目、峡谷、…に刻み目をつける

―(休憩)――――――――――――――――――
トークショウは米語では talk show，英語では chat show
という。

482) itch ： かゆい、むずむずする、かゆいこと
　　　bitch： （犬などの）雌、売春婦、不平を言う

483) washy： 水っぽい、（色）薄い、面白みのない
　　　wishy ： wishy-washy で水っぽい、薄い
　　　　　　　 wish-wash で水っぽい飲み物

484) disinterested： 公平無私な、無関心な
　　　uninterested ： 無関心な、利害関係のない

485) manager： 支配人、経営者、部長、監督
　　　manger ： まぐさ（飼い葉）おけ

486) ballad ： （物語風）民謡、緩やかで甘い流行歌
　　　bollard： 保護柱、繋船注

487) piracy： 海賊行為、著作権侵害
　　　pirate ： 海賊、著作権侵害者、…に海賊を働く

488) toil ： 骨折り、苦労、精出して働く
　　　moil： toil and moil であくせく働く
　　　soil ： 土、土壌、汚物、汚れ

489) deliver 　： 配達する、引き渡す、交付する
　　　deliberate： 故意の、慎重な、熟考する

―（休憩）――――――――――――――――
弁護士は米語では attorney，英語では solicitor という。

490) stationary： 静止した、据え付きの、変化しない
　　 stationery： 文房具、便箋

491) blouse ： ブラウス、仕事着、ブラウス風に膨らむ
　　 browse ： 新芽、若葉、(家畜が草を)食う
　　　　　　　 (書棚を)あさる、(本を)拾い読みする

492) thorough： 徹底的な、完璧な、完全な、全くの
　　 through ： …を通って、貫いて、終わりまで

493) note： 印、符号、記号、注釈、書き留める
　　 tote： (荷物を)運ぶこと、運ぶ

494) tomb： 墓、墓標
　　 comb： 櫛、とさか、(毛を)すく、徹底的に捜す

495) embody ： 具体化する、統合する
　　 somebody： 誰か、ある人

496) deal ： 取引、量、分配する、取引する
　　 ordeal： 試練、困苦

497) contact： 接触、連絡、コネ、連絡をとる
　　 intact ： 手をつけないままの、完全な

―(休憩)――――――――――――――――――
まぬけは米語では jerk，英語では idiot という。

498) affluent： 豊富な、富裕な
　　 effluent： 流れ出る、(川の)流水、(工場)汚水

499) overall ： (婦人物の)上っ張り
　　 overalls： (作業用の)つなぎ服

500) locate ： 位置を定める、(店を)置く
　　 allocate： 割り当てる、配分する、配置する

501) hilarious ： 陽気な、ウキウキした
　　 hierarchy： 階級制度

502) aide： 助手、側近、顧問、補佐官
　　 side： 側、側面、斜面、片側の、賛成する

503) assume： (責任を)とる、推定する、仮定する
　　 resume： 回復する、取り返す、要約する

504) apprehension ： 懸念、心配、理解、逮捕
　　 comprehension ： 理解(力)、含蓄

505) boom： とどろき、うなり、急騰、暴騰する
　　 boon： 賜物、恩恵、愉快な、陽気な

――(休憩)――
考え出すという意味で、米語では figure out，英語では work out を用いる。

506) buddy ： 兄弟、君(呼びかけ)
     body ： 身体、肉体

507) banish ： 追放する、遠ざける
     vanish ： 消える、なくなる、姿を消す

508) bother ： に迷惑をかける、面倒、騒ぎ
     brother ： 兄、弟、仲間、同僚、同胞

509) collect ： 集める、収集する、募る、受け払いの
     correct ： 正しい、正当な、正す、訂正する

510) celebrity   ： 名声、名士
     celebration ： 祝賀、祝典、賞賛

511) crave ： 切望する、懇願する、必要とする
     cave ： 洞穴、洞窟、へこます、へこむ

512) campus ： 校庭、構内、大学(生活)
     canvass ： 詳しく調べる、討論する、依頼、遊説

513) crack ： パチッと鳴らす、ひびが入る、一流の
     clack ： カチッと音を立てる、ぺちゃぺちゃ喋る

―(休憩)――――――――――――――――――
… 以降という意味で、米語では as of, 英語では as from
を用いる。

514) conservation ： 保存、維持、国家管理
　　 conservatory ： 温室
　　 conservatoire： （フランスの）音楽（美術）学校

515) dough ： 練り粉、パン生地
　　 though： だけれども、たとえ…でも

516) dig ： 掘る、切り開く、突く、掘ること、発掘
　　 dug ： dig の過去（分詞）、（雌獣の）乳首

517) dad ： おとうさん
　　 dud ： だめな人（物）、不発弾、失敗　(pl.)着物

518) dump ： ドシンと落とす、放り出す、ゴミの山
　　 dumb ： 口のきけない、無口な
　　 bomb ： 爆弾、爆撃する、失敗する　(pl.)成功する

519) dispense ： 分配する、施行する
　　 suspense ： 宙ぶらりん、（映画の）サスペンス
　　　　　　　　未決定、不安、気がかり

520) export ： 輸出する、輸出（品）
　　 import ： 輸入する、輸入（品）
　　 deport ： （国外に）追放する

―（休憩）―
気を楽にするという意味で、米語では hang loose，英語では relax または take it easy を使う。

521) fan： うちわ、扇風機、あおぐ、三振させる
fun： 楽しい思い、戯れ、慰め、冗談を言う

522) giveaway： 漏洩、景品、商品付き番組
give away： (ただで)与える、(秘密を)明かす

523) glow： 白熱する、光を出す、白熱、光
grow： 成長する、育つ、伸びる、はえる

524) aground： 座礁する
ground： 地面、土、土地、運動場
grind の過去(分詞)

525) humble： けんそんな、つつましい、卑しめる
handle： 取っ手、柄、機会、…にさわる、扱う

526) hockey： ホッケー
hooky： (学校を)さぼる

527) hitch： つなぐ、ひっかける、からまり
hatch： (卵を)かえす、孵化、くぐり戸
細いしま線(をひく)、陰影(をつける)

---(休憩)---
考え直し、再考の上での意味で、米語では second thought だが、英語では second thoughts と s をつける。

528) role： 役割、役、任務
　　 roll： ころがる、運ぶ、回転、巻物

529) insult： 侮辱する、侮辱、無礼
　　 insulate： 隔離する、断熱する、絶縁する

530) lamp： 明かり、ランプ、光明
　　 ramp： 傾斜路、移動タラップ、飛びかかろうとする

531) lash： 鞭紐、鞭打ち、ののしる、縄で縛る、結ぶ
　　 rash： 吹き出物、発疹、思慮のない、せっかちな

532) wreak： (怒りを)発する、(恨みを)晴らす
　　 leak： 漏れ、漏洩、漏らす、漏れる

533) holy： 神聖な、神に身を捧げた、敬虔な
　　 wholly： 全く、全体として、もっぱら

534) load： 荷、積み荷、負担、積み込む、乗り込む
　　 road： 道、道路、…街、方策、鉄道

535) sail： 帆、帆船、出帆する、船を走らす
　　 sale： 販売、売却、売上高

― (休憩) ―
ゼロからのスタートという意味で、米語では start over，英語では start again を使う。

536) alter： 変える、手直しする、改まる
　　 altar： 祭壇

537) neat： きれいな、きちんとした、適切な
　　 meat： 肉

538) ham： ハム、アマチュア無線家
　　 hum： 鼻唄を歌う、ハミングする

539) politic ： 慎重な、賢明な、抜け目の無い
　　 polite ： 丁寧な、礼儀正しい、洗練された
　　 political： 政治上の、国政の、政略的な

540) piss ： 小便、小便をする、…でぬらす
　　 pass ： 通る、進む、通行許可、乗車券

541) resumption ： 再開始、回収
　　 consumption ： 消費、消耗

542) temperance ： 自制、節度
　　 temperature ： 温度、気温

543) route： 道路、道、通路、…の手順をきめる
　　 root ： 根、地下茎、根づく、定着する

―（休憩）――――――――――――――――――
郵便物は、米語では mail，英語では post である。

544) slag : 鉱滓、かす
 slug : ナメクジ、なまける、強打する

545) wake : 目を覚ます、起きる、起こす、通った跡
 sake : ため、目的、理由

546) sell : 売る、売れる、商う、ペテン、販売
 cell : 小室、独房、個室、セル

547) tamper : 干渉する、いじくる、改ざんする
 temper : 気質、気性、気分、癇癪、沈着、平静

548) temporary : 一時の、仮の、暫定的な
 temporal : 束の間の、現世の、世俗の、時の

549) van : 有蓋トラック、前衛、先陣、先導者
 ban : 禁止する、禁止令、破門

550) tolerable : 耐えられる、相当の
 tolerant : 寛大な

551) weather : 天気、天候、気象、風雨にさらす、干す
 leather : 革、革製品、…に革をつける、革紐で打つ

―(休憩)――――――――――――――――――――
…を専攻するは、米語では major in …, 英語では specialize in … を使う。

552) wary : 用心深い、慎重な、細心の
　　 worry : 心配する、悩む、心配、苦労

553) statue : 像、彫像、塑像
　　 stature : 身長、能力、成長、発達
　　 statute : 法令、法規、規則
　　 status : 高い地位、身分、資格

554) leap : 飛び跳ねる、跳ぶ、跳躍、飛躍
　　 reap : 刈り入れる、収穫する、獲得する

555) gentle : 上品な、優しい、従順な
　　 gentile : 異邦人、異教徒、異教徒の

556) momentary : 瞬間の、束の間の
　　 momentous : 重大な、ゆゆしい

557) tag : 札、番号、荷札、…に…をつける、添える
　　 tug : 引っ張る、引っ張ること、努力、奮闘

558) blood : 血、血液、体液、樹液
　　 brood : 一かえりのひな、種族、(卵を)抱く

─ (休憩) ─
生活保護を受けては米語では on welfare だが英語では on benefit, on the doll (口語)、on unemployment benefits となる。

559) wander： さまよう、放浪する、迷い込む
    wonder： 不思議、驚異、奇跡、驚く、いぶかう

560) beneficial ： 有益な、有利な
    beneficent ： 慈善の、情け深い

561) tale： 話、物語、作り話、うそ
    tail： 尾、垂れ髪、…に尾をつける、つなぐ

562) waste： 浪費する、むだにする、浪費、廃棄物
    waist： 腰、ウエスト、ブラウス

563) sundae： サンデー（果物をのせたアイスクリーム）
    Sunday： 日曜日、安息日

564) bear： 運ぶ、伝える、熊、乱暴者
    bare： 裸の、むきだしの、ありのままの

565) steal： 盗む、盗み、盗品、盗塁
    steel： 鋼、鋼鉄、堅くする

566) smooth： なめらかな、平らな、滑らかにする
    soothe ： 慰める、静める、和らげる

---（休憩）---
ガソリンスタンドは米語では gas station，英語では filling station という。

567) ascent： 上昇、登山、上り坂、向上、昇進
   assent： 同意、賛成

568) berry： イチゴが実る、干した種子
   bury ： 埋める、葬る、埋葬する
   belly： 腹、腹部、胃、ふくらませる、ふくらむ

569) maternity： 母であること、母性、産科
   paternity： 父であること、父系

570) lone： ひとりの、連れのない、人里はなれた
   loan： 貸付金、貸与、借款、公債、貸す

571) profit ： 利益、もうけ、利益を得る
   prophet： 予言者、予想屋

572) leverage： 梃子の作用、手段、影響力、勢力
   beverage： 飲料

573) wait ： 待つ、期待する、待つこと
   weight： 重さ、重量、体重、おもり、重くする

574) air ： 空気、大気、空中、空気にあてる、乾かす
   heir： 相続人、跡取り、後継者

―（休憩）――――――――――――――――――
デートするは米語では date，英語では go out with(someone)を使う。

575) dew ： 露、しずく
　　 due ： 満期の、当然受けるべきもの

576) horse ： 馬、雄馬、馬にのせる
　　 hoarse ： しわがれ声の、(声が)かすれた

577) marrow ： 骨髄、力
　　 narrow ： 狭い、細い、隘路、狭くする

578) dear ： 親愛な、いとしい、かわいい(人)
　　 deer ： シカ

579) bread ： パン、食物、かて、生計
　　 bred ： breed の過去(分詞)、(子を)産む、育てる飼う

580) lip ： 唇、…に唇を当てる、ささやく
　　 rip ： 破れる、引き裂く、ほころび、裂け目

581) straight ： まっすぐな、一直線の、まっすぐに
　　 strait ： 海峡、狭い (〜 s)困難

582) idle ： 怠惰な、遊んでいる、怠ける
　　 idol ： 偶像、人気者

―(休憩)―
仮免許は米語では learner's permit, 英語では provisional licence という。

583) include： 含む、勘定にいれる、包含、含有物
    seclude： 引き離す、隔離する、引退させる

584) pole： さお、柱、棒で支える
    poll： 投票、投票する (pl.)投票所

585) dam： ダム、せき止める
    damn： 悪評する、ののしる、のろい

586) site： (事件の)場所、遺跡、敷地、位置させる
    cite： 引用する、…に言及する

587) rain： 雨、降雨、雨天、雨が降る
    rein： 手綱であやつる (pl.)手綱、拘束
    reign： 統治、治世、支配、君臨する

588) oligopoly   ： 寡占
    monopoly   ： 独占、専売(権、企業)
                        専売品
    antimonopoly (law)： 独占禁止(法)

589) fly： 飛ぶ、飛行する、ハエ、昆虫
    fry： 油焼きにする、揚げる、フライ、揚げ物

―（休憩）――――――――――――――――――
長距離電話は米語では long-distance call，英語では
trunk call という。

590) hog: 豚、強欲者、むさぼる、背を丸くする
    hug: 抱きしめる、抱擁

591) tissue: 薄織物、ティッシュペーパー
    issue: 発布する、発行する、出てくる、出ること

592) censor: 検閲官、検閲する
    sensor: (光、熱、音などの)感知器
    censer: つり香炉

593) prominent: 目立つ、著名な
    proponent: 提案者、支持者

594) reparation: 補償、賠償金
    repatriation: 本国へ送還すること

595) turnout: 生産高、出席者、衣装
    turnover: 転覆、転職率、売り上げ高

596) gut: 腸、内臓の中身を抜き取る (pl.)内臓、中身
    got: get の過去(分詞)

597) confirm: 確認する、承認する
    conform: 適合する、順応する、従う

──(休憩)──────────────────────
農具のスキは米語では plough, 英語では plow という。

598) slab： 石板、厚板、厚板にする
    slob： 泥、無精な人、まぬけ

599) bowel： (pl.)便通、排せつ物
    bowl ： ボール、わん、鉢、(ボウリングなどの)木球、(たまを)ころがす

600) ascent： 上昇、登山、上り坂、向上、昇進
    assent： 同意、賛成、賛成する

601) edict ： 命令
    addict： 没頭させる、(麻薬などの)常用者

602) surpass： しのぐ、…よりまさる
    surplus： 余り、過剰(の)、黒字(の)

603) foul ： 汚い、不潔な、不正に、汚す、汚れる
    fowl： 家禽、鶏、鶏肉

604) peer ： 同僚、貴族、じっと見る、見入る
    pier ： 桟橋、防波堤

605) root ： 根、地下茎、基盤、根づく、定着する
    route： 道路、道、通路、…の手順を決める

(休憩)

足元に気をつけては、米語では Watch your step! だが、英語では Mind your step! という。

606) immutable ： 不変の
      innumerable ： 無数の

607) ware ： 製品、用品、陶器
      wear ： 着ている、身につけている、着用、衣類

608) principal ： おもな、第一の、長、社長、校長
      principle ： 原理、原則、法則

609) sympathy ： 同情、思いやり、好意
      antipathy ： 反感、毛嫌い
      apathy ： 無感動、無関心、冷淡

610) irksome ： 退屈な
      tiresome ： 厄介な、うるさい

611) explicit ： 明白な
      implicit ： 暗黙の、言わず語らずの、盲目の

612) postwar ： 戦後の
      prewar ： 戦前の

613) bald ： (頭が)はげた、むきだしの、露骨な
      bold ： 大胆な、勇敢な、ずうずうしい

―(休憩)―
校長は英語では principal だが、英語では head master という。

614) desert ： 砂漠、砂漠の、不毛の、見捨てる
dessert ： (食後の)デザート

615) impatriate ： 外国人移住者
expatriate ： 移住する、(国外に)追放する
追放者、移住者、国外在住者

616) have ： 持っている (pl.)持てる国
haven ： 安息所、港、避難所

617) bonus ： ボーナス、賞与、配当金、景品
bogus ： にせの、いんちきの

618) session ： 開会していること、会期
cession ： 割譲、譲渡

619) action ： 活動、行動、行為
auction ： 競売、競売にかける

620) scan ： 細かく調べる、(映像を)走査する
scam ： 詐欺、だましとる

621) divert ： (水路を)転換する、(注意を)そらす
diverse ： 多種多様な、異なった

―(休憩)―
シングルマザーは、米語では unwed mother だが、英語では unmarried mother という。

622) garlic： ニンニク
　　 garish： けばけばしい、ぎらぎらする

623) bud： つぼみ、芽、つぼみをもつ、発芽する
　　 bad： 悪い、不良の、誤った、腐った

624) decade： 十年間、十個一組
　　 facade： (建物)正面、(事物の)外観、見かけ

625) pump： ポンプ、心臓、ポンプで空気を入れる
　　 dump： ドシンと落とす、ゴミの山、ゴミ捨て場
　　 bump： 衝突、こぶ、隆起、衝突する、ぶつかる

626) denotation： 表示、指定
　　 connotation： 言外の意味、含蓄

627) slim： ほっそりした、わずかな、やせる
　　 trim： 刈り込む、手入れする、整頓、手入れ

628) huff： 立腹、怒る、おどす
　　 puff： プッとふく、一吹き、一吸い

629) antenna： アンテナ、空中線
　　 antenatal： 出生前の

―（休憩）―
蛇口水は英語では tap water だが、英語では main water という。

630) counterfeit ： 偽造の、にせの、模造品、まねる
　　 counterpart： 副本、写し、似た者(物)

631) vegetate ： 植物のように成長する
　　 vegetative： 植物の、成長する

632) physician： 医者、内科医
　　 physicist： 物理学者

633) pillow： まくら
　　 pillar ： 柱、中心人物

634) packet： 一束、小包、小包にする
　　 picket： 杭、杭で囲む

635) pillar-box： 郵便ポスト
　　 pillbox　： 丸薬容器、縁無し婦人帽

636) curio　 ： 骨董品
　　 curious ： 好奇心の強い、詮索好きな
　　 curiosa ： (pl.)珍書、わいせつ本

637) sympathy ： 同情、思いやり、好意
　　 empathy　： 感情移入、共感

―(休憩)―――――――――――――――――
そういえばは米語では Say … だが、英語では I say …
という。

638) little ： 小さい、幼い、かわいい、少し
    riddle ： なぞ、難問、不可解な人(物)

639) while ： …する間に、暫時、過ごす
    awhile ： しばらく、ちょっと

640) party ： 集まり、パーティー、政党
    parry ： (質問などを)受け流す、そらす

641) vacation ： 休暇、休暇をとる
    vocation ： 職業、使命

642) college ： 単科大学
    collage ： コラージュ(様々な素材を同一画面に組み合わせた芸術的手法)

643) adherence ： 固執、執着、忠実
    adherent ： 味方、支持者
    adhesion ： 粘着力、粘着

644) tab ： 耳覆い、勘定
    stab ： 突き刺すこと、ぐさりと突く

― (休憩) ―
それでもなお、は米語では still and all だが、英語では even so という。

645) augment ： 増大させる
　　 argument ： 議論、論争、論旨

646) bug ： 虫、昆虫
　　 lug ： 引きずること、引きずる

647) lack ： 欠乏、不足、欠く
　　 rack ： 置き棚、拷問にかける

648) vein ： 静脈、血管、性質
　　 vain ： 虚栄心の強い、空虚な

649) outlet ： はけ口、出口
　　 outfit ： 装備一式、道具一式

650) alike ： 同様で、同様に
　　 like ： 好きである、…のような

651) pick ： 摘み取る、つつく
　　 prick ： うずき、ちくりと刺す

652) backtrack ： 来た道をもどる
　　 sidetrack ： 側線、横道にそらす

（休憩）
8月10日は米語では August 10 であるが、英語では 10th August と書く。

653) specter : お化け、亡霊
　　 spectator : 見物人、観客

654) hobby : 趣味、道楽
　　 hubby : husband の省略形

655) promotion : 促進、奨励、昇進
　　 demotion : 降格

656) flotsam : (遭難船の) 浮き荷
　　 jetsam : (海上保険の) 投げ荷

657) census : 人口調査、国勢調査
　　 consensus : (意見などの) 一致

658) dart : 投げやり、突進
　　 dirt : ほこり、ごみ、泥

659) lice : louse(しらみ)の複数形
　　 rice : 米、飯、稲

660) downfall : 滅亡、没落、落下
　　 falldown : 倒れる、転ぶ

― (休憩) ―
… と思うは、米語では I suppose … だが、英語では I guess … となる。

661) certain　　：　確信して、確かな
　　　ascertain　：　確かめる

662) flea　：　蚤
　　　free　：　自由な、無料の

663) commonplace　：　日常生活の、ありふれたこと
　　　common　　　：　普通の、共通の

664) carton　：　ボール箱
　　　cartoon：　漫画、戯画

665) premature：　時機尚早の
　　　immature　：　未熟の、子供っぽい

（休憩）
75%は米語では three-fourth だが、英語では three quarters となる。

アメリカ英語とイギリス英語の違い

1）綴り

（左側がアメリカ英語、右側がイギリス英語）

1) specialize　　　specialise　　：専攻する
2) computerize　　computerise　：コンピュータで処理する
3) license　　　　　licence　　　：免許
4) summarize　　　summarise　　：要約する
5) color　　　　　　colour　　　　：色、色彩、着色
6) center　　　　　centre　　　　：中心、核心、集中する
7) program　　　　programme　 ：プログラム、番組
8) get got gotten　get got got　：getの活用
9) gray　　　　　　grey　　　　　：灰色、どんよりした
10) cozy　　　　　　cosy　　　　　：居心地良い
11) neighbor　　　 neighbour　　：隣人、隣接する
12) ax　　　　　　　axe　　　　　 ：おの、まさかり
13) check　　　　　cheque　　　 ：小切手
14) realize　　　　 realise　　　 ：実現する、実感する
15) organize　　　 organise　　　：組織する、計画する
16) adapter　　　　adaptor　　　：アダプター、翻案者
17) theater　　　　theatre　　　 ：劇場
18) tire　　　　　　tyre　　　　　：タイア
19) harbor　　　　 harbour　　　：港
20) story　　　　　storey　　　　：話

21) traveled   travelled   ：旅行した
（アメリカでは第一音節にアクセントがある時は子音をダブらせないという決まりがある）
22) odor   odour   ：におい、香り
23) mold   mould   ：鋳型
24) specter   spectre   ：お化け
25) glamor   glamour   ：魅力、魔力
26) labor   labour   ：労働、仕事

2) 単語・イディオム

1) 自動車　　　　　　： automobile　　　motorcar
2) エンジン　　　　　： motor　　　　　engine
3) フロントガラス　　： windshield　　　windscreen
4) トラック　　　　　： truck　　　　　lorry
5) 布切れ　　　　　　： rag　　　　　　cloth
6) 蛇口　　　　　　　： faucet　　　　　tap
7) トランク　　　　　： trunk　　　　　boot
8) 残念だ　　　　　　： It is bad.　　　It is pity.
9) 日付　　　　　　　： September 3, 2001
　　　　　　　　　　　　　　　　　　　3rd September, 2001
10) 熱心だ　　　　　　： be eager to　　be keen to
11) ローソクの明かりの下での夕食
　　　　　　　　　　　： candle-light dinners
　　　　　　　　　　　　　　　　　　candle-lit dinners
12) 在宅　　　　　　　： be home　　　　be at home
13) 病気などで外出できない
　　　　　　　　　　　： homebound　　　housebound
14) 完全な、徹底した
　　　　　　　　　　　： full-fledged　　fully-fledged
15) 掛ける、遅らせる
　　　　　　　　　　　： hung up　　　　held up
16) ある基準に達していない
　　　　　　　　　　　： not up to snuff　not up to scratch

3）その他

（左側はアメリカ英語、右側はイギリス英語）

1) privacy の発音
   ：プライバシイ　　プリバシイ
2) rubber　：コンドーム　　消しゴム
3) advertisement の発音
   ：アドヴァタイズメント
   　　　　　　　　　　アドヴァースメント
4) advertisement の短縮形
   ：ads　　　　　adverts
5) smart の意味
   ：賢い、知的な　スマートな
6) multi- の発音
   ：モルタイ　　　マルチ
7) chew the rag
   ：気楽にしゃべる　愚痴をこぼす
8) whisky　：スコッチや日本のウィスキー
   whiskey　：アイリッシュやバーボン系
   （スコットランドとアイルランドの不仲を示す）
9) adult　：アメリカでは前に、イギリスでは後ろに
   　　　　アクセントがある
10) vitamin　：ヴァイタミン　　ヴィタミン
11) herb　：アーブ　　　　ハーブ
12) massage　：アメリカでは後ろに、イギリスでは前に
   　　　　　アクセントがある

13) turnover ：(労働の)転職率　売り上げ
14) schedule ：スケジュール　セジュール
15) leisure ：リジャー　レジャー
16) either ：イーザー　アイザー
17) vase ：普通の花瓶はヴェイス、高級な花瓶はヴァースと発音する

参考文献

1) 英会話・やっぱり・単語　守 誠 著　講談社（1996）

2) ケント・ギルバートの英語表現547　＜海外旅行＞出発から帰国まで　ケント・ギルバート 著　光文社（1990）

3) NHKラジオ やさしいビジネス英語 テキスト
   講師　杉田 敏

4) NHKラジオ 英会話 テキスト
   講師　マーシャ・クラッカワー

5) NHKラジオ 英会話入門 テキスト
   講師　遠山 顕

著者プロフィール

土成 昭弘 (つちなり あきひろ)

1948年3月1日鹿児島県に生まれる。
1993年、金沢大学にて工学博士号取得。
1993年、95年に耐火物技術協会論文賞受賞。
自費出版物に『金沢への道』『ひとりごと詩集』『英語によるビジネス名言集』がある。

土ちゃん博士のまぎらわしい英単語

2002年2月15日　初版第1刷発行

著　者　土成 昭弘（つちなり あきひろ）
発行者　瓜谷 綱延
発行所　株式会社 文芸社
　　　　〒112-0004　東京都文京区後楽2-23-12
　　　　　　　　　電話　03-3814-1177（代表）
　　　　　　　　　　　　03-3814-2455（営業）
　　　　　　　　　振替　00190-8-728265

印刷所　株式会社 フクイン

©Akihiro Tsuchinari 2002 Printed in Japan
乱丁・落丁本はお取り替えいたします。
ISBN4-8355-3263-5 C0082